JN408949

풀잎에 매달린 바다

제13회 〈세계문학상〉 수상 기념 시집

풀잎에 매달린 바다

이 경 자 시집

도서출판 천우

● 시인의 말

매일 아침 숲으로 갑니다
다람쥐가 아침 인사를 제일 먼저 해요
늦장 부리는 낮달이 따라옵니다

아이들은 각자 둥지를 만들어 떠나고
남편도 먼 길을 떠났습니다

그러나 외롭지 않아요
숲속에는 울창한 나무 작은 풀꽃들
봄이면 여러 종류의 베리, 고사리, 버섯
가을에는 붉고 노란 옷으로 치장을 하여
사계절 다른 모습은 지루하지 않습니다
사슴도 함께 산책하고요
그들과 대화를 나누며 시를 쓰게 되었고
창조주를 만났습니다

우주의 품 안에서 깊은 호흡을 하며
내일도 영원히 그 품에서….

2018년 10월 2일
시애틀에서 **이 경 자**

제1부

별의 무덤

제 2 부

봄의 눈동자

제3부

노천 예배당

제4부

새벽 종소리

제5부

조약돌

제1부

별의 무덤

벼루 속의 사모곡

태평양을 건너온
어머니가 쓰시던 벼루
책상 서랍 속에서 깊은 잠을 잤다
동양화 습작하려고 꺼내니
그 안에서
오래 묵은 편지들이 걸어 나온다

동네 처녀들이
시집가며 가마 안에서
울며 함께 떠난 사돈지(査頓紙)
세 딸을 시집보낼 때
바다 건너 멀리 있는
남편과 아들에게

그 편지들은
낙루로 그려진 문신 속에
한숨이 새어 나온다

어머니의 주름진 손자국이
벼루에 더덕더덕 앉아서
나를 바라보며

얘야, 먹 갈아라

별의 무덤

성냥이 귀한 시절 부싯돌로 불을 켤 때
부엌 아궁이와 화로에는 무덤이 있었다
무덤 속에는 조각난 별이 잠자고
어머니는 그 작은 조각을 소중히 간직했다
마른 솔잎에 별이 불꽃을 일으키면
온 집안은 태양이 떠오른다

이젠 아궁이도 화로도 사라졌으나
내 마음에 꺼지지 않는 무덤
그 속에는 군밤이 익고 감자가 익는다

따뜻한 온돌방 선반에
주룽주룽 매달린 매주가 익는다
엄마의 고전이 화로에서 탄다
호롱불 연기에 콧구멍이 까매진 아침
아궁이에 별이 탈 때
가마솥 옆에 밥그릇이 줄을 선다.

어머니 2

일곱 나무 가꾸시랴
허기진 허리에 한을 묶고
당신의 손마디에 피멍이 얼룩지고
발가락 사이 아린 티눈으로
꿈나무는 꽃을 피웠습니다

당신 뱃속에 열 달 세 들어 살고
하루분 방세도 못 드렸습니다
유아기 따뜻한 우유를 외상으로 먹고
한 푼도 값질 않았습니다
태산 같은 당신의 은혜
보답하지 못한 불효 여식
용서를 구하기 부끄럽습니다

어려운 시대에
가시밭 같은 거처에 여생을 보내시고
어느 날 흰옷 입고
먼 길 떠나시더니
그곳이 좋은지
영영 돌아오시지 않는
어머니!

아버지

아들은
아버지를 휠체어에 태우고
병원약국 앞에서
처방한 약을 기다린다
병원 복도에서
휠체어를 운전하는
은발 머리 할아버지
물끄러미 바라보던 아들

부럽다
그의 가슴에는
아버지가 글썽인다

반신불수
아버지의 왼쪽은
무덤 속에 갇혔다
언제쯤 무덤을 헐고
세상 밖으로 나올까

아버지의 두 다리로
아들의 키가 자랐고
아버지의 다리는
아들의 등에 업혔다

어머니의 움막

어머니 세상 떠나시면서
내 안에 움막을 지었어요
항상 그곳에 거처하시며
딸이 옆길로 가려면
봉창을 살며시 열어
당신 살아오신 발자취를 상영하시고

평생을 쪽 찌르고
화장 한번 안 하시고
감자밭 콩밭 김매느라
발뒤꿈치가 갈라져
그 사이 잡풀이 자라서
꽃이 피고 열매가 영글었지요

혹여 바람에 흔들리면
당신의 가리마 같은 곧은 길

그 길로
나를 인도하시는
어머니…!

사랑하는 오라버니

소년 가장으로 우리 집 주춧돌이었고
부모님께 효자
나의 삶을 별처럼 인도하신 오라버니

6·25동란에 참전하여
피땀 흘리며 나라를 지켰으며
주어진 소명을
소나무처럼 살으신 오라버니

이 세상 여행 마치고
영원한 안식처로 떠나시는
당신은 해바라기 같은 분

오랜 병고에 시달리면서도
밝은 음성으로 괜찮다 하시며
시름을 달래셨지요

마지막 가시는 길 배웅하지 못하지만
밤새워 수백 송이 백합 묵주기도 바칩니다.

이제 본향에 가셔서
어머니 아버지 만나서 평안히 쉬세요

사랑하는 오라버니!
거기서 다시 만나요

달빛으로 오신 어머니

엷은 커튼 사이로
살며시 내려앉은 달빛
밤은 기웃둥 오경이었다

봄과 여름을 거쳐온 나뭇잎
갈중이 나서 땅 위에 눕고
앙상한 나뭇가지 하늘에 닿아
둥근 달을 업었다

새벽잠이 없는 어머니
이 시간쯤에는
물레에서 실을 뽑으며
귀뚜라미 노랫소리 장단 맞추어
고전을 낭송하시며
열한 세 무명실 가늘게 곱게
달빛 따라 흘렀다

잠결에 들리는 어머니 음성
한 줄기 달빛 창을 두드린다

빛바랜 편지

자개장롱 속에는
잔잔한 샘물이 흐르고 있었다
그 물소리는
최근에 마음의 문고리를 흔들었다
내 피가 마를 때
물이 스며드는 줄 몰랐다

정(情)은 고이지 않고
누렇게 바랜 화선지에
검은 붓으로 써 내려간 편지

내가 시집올 때
시어머니께
'부족한 여식을
딸처럼 사랑으로
지도해 주시기 바랍니다'
라는 간곡한 부탁이었다

밤낮으로 내 영혼에
맑은 샘물을 퍼 올리시는
어머니!

고목(古木)과 고목(枯木) 사이

우거진 숲엔
으레 말라죽거나 오래 묵은
나무가 있다.

마치 분재인 양
나뭇등걸 에워싸고 자라는
이름 모를 식물, 움푹 파인 자리
고사리 버섯도
자라고 있다.

폭풍과 폭우, 천둥 번개
찢기고 할퀴어 문드러진 상처까지
당신의 거름이 된
사랑

뉘라서 그리 빚어놓을까
그 누구도 흉내 낼 수 없는
고목(古木)과 고목(枯木) 사이에 앉아 있는
오늘은 내 어머니.
어머니.

첫사랑

뒷산에 올라
바위에 앉아 종이학 접어서
그 하늘에 날려 보냈다

개울 건너
버드나무 두 줄로 길게 보초 선 찻길
자갈길 흙먼지 뿌옇게 일며
하루에 한 번씩 버스가 정차했다

외딴 주막이 있고
넓은 들 논밭 지나서
초가집 정겹게 어깨동무한 마을
그 집 보이지 않지만, 언제부터인지
나의 마음 안에 한 그루의 나무
가지가 그쪽으로 뻗어 갔다

먼지 뿜으며 버스가 정차하면
그 사람 그림자 비칠까
나뭇잎은 홀로 설레었지
약속도 없고 가까이 갈 수도 없는
그대 곁에 맴도는 바람이었다

청국장

생콩인 나는
빤들빤들하고
혼자 데굴데굴
도망가기 좋아하는 고집쟁이

긴 세월로
풍파에 푹 삶아진 후
먹물 같은 어두운 방에서
몸에 사랑 미움의 곰팡이
생고집 나는 산산이 부서졌네

청양고추 파 호박 멸치 두부
아무나 아무거나 어울렸네

매운 사람 모난 사람 둥근 사람
탓하지 않는
두레상에 초대되어
너도 한 숟갈
나도 한 숟갈

구수하다!
칭찬받는
둥글고 수더분한 친구로 거듭났네

밥

아버지 쓰시던 밥그릇에
한 주걱 밥을 담았다
밥 한 톨에
많은 햇살이 다녀갔고
바람은 또 얼마나 후려쳤는지

아버지 첫닭 울 때 일어나
저녁노을 등에 업고
무논에서 벼수확까지
흘린 땀방울로 벼가 익었다

아버지의 피와 눈물로
지은 밥을 먹고
꿈나무의 열매가 영글었으며
그분의 사랑으로
우주가 내 안에 스며들었다.

백김치, 내 영혼의 거울

배추 한 포기
네 등분 해서 소금에 절여
물을 붓고 며칠간 숙성시켰다
고개 숙일 줄 모르던 그녀
다소곳하고 상냥해졌다
밑 화장도 겉 화장도 않은 배추
목욕탕에서 금방 나온
여인의 모습인 듯

담백하고 깨끗한 그 맛
투명한 유리그릇에 담아
단아하게 상위에 올려진 그릇에
생배추 같은 내 고집이 어른거린다

나의 몸을 소금물에 절이고
마음속에 믿음 소망 사랑의 양념을 듬뿍 넣으니
순백한 영혼의 백김치가 되었네.

내 고향

구름 너머 너머
신작로, 버드나무 손을 흔들면
뿌연 먼지 뿜으며 버스가 서지
징검다리 건너 오솔길 저편에
토담 밑 도랑에서 빨래하다가
젖은 손 앞치마에 훔치며
얼싸안는 어머니

서낭당 고갯마루 뻐꾹새 울고
먹구름 하늘에서 울어 예면
빨간 치마 연두저고리 분장한
여우가 숨은 고개

따스한 햇볕 나비처럼 춤추며
명지바람 보리밭 출렁일 때
아카시아 진달래꽃 따 먹으며
철이와 냇가에서 소꿉놀이하던 곳

미꾸라지 피라미 춤추는 개천 둑에는
아기 호박 엄마 품에 잠자는 곳
하얀 박꽃 미소 짓는 초가삼간 지붕 아래
놋화로 재 속에 고전이 묻힌
그곳은 엄마의 젖 냄새 향긋한 곳

고향집

대청 뒤란 문을 열면
하늘과 맞닿은 푸른 들판
한 폭의 풍경화 펼쳐지고
사랑채 지붕에는
박넝쿨 하얀 꽃 만발하여

풋고추 주룽주룽
뒷마당에 줄을 서고
호박넝쿨 돌담 위에 둥지 틀어
애호박 낳았지

호박잎 가마솥에 찜을 하고
보글보글 된장찌개
숯불에 끓는다
엄마의 손맛 구수한 냄새
바람에 실려 온다

어머니의 발자국이
마당 구석구석 고물고물 기어 다니며
어머니의 땀에 젖은 베적삼 앞섶에는
사랑이 주룽주룽 매달렸지

늦둥이 벤저민

오래전에
어린 벤저민을 입양해서
오래도록 함께 살았다
큰집에서 작은집으로
작은 화분에서 큰 화분으로
몇 번 옮기기도 했다

그는 집이 작다고 느낄 때는
위로만 올라가서
지난가을에 그의 집을 옮겨주려
몸뚱이를 쥐고 뽑으니
움켜쥔 뿌리는 엉킨 실타래 모습

인연의 소중함을 알고 있는 듯
저의 집을 나오질 않는다

아이들의 손자국이 잎새마다 숨을 쉬고
벤저민은 나의 늦둥이다
외출했다 돌아오면
맨발로 현관문을 열고 나와
나의 품에 안긴다

인연의 소중함을
저와 같이 본 적이 있는지
나의 눈길은 오래오래 머문다.

구름에 쓴 편지

파란 하늘 가슴 한가운데

구름에서 배달된 편지 한 장
깨알같이 쓴 글이 시리다

고향마을 개울 건너 앞 산자락에
천년 묵은 바위틈에
진달래 소근소근 속삭일 때
네 그림자 업은 나무 다가오면
수줍어 얼굴 붉혔지

시간은 바람에 쫓겨 허공에 사라지고
그리움은 뼛속에 꽃잎을 새겼다
너와 놀던 파도가 일렁이던 바다
짭짤한 소금이 되어 속삭인다
너를 배웅한 간이역 하늘에
말없이 흐르는 저 구름

제 2 부

봄의 눈동자

봄 향기

매서운 찬바람에
눈발 휘날리며 나목을 울렸지
동상에 걸린 가여운 가지들
부스럼 딱지 다닥다닥 붙었네

산 계곡 빗물 천 리 길 걸어오며
이 나무 저 나무 젖을 주고
쉬지 않고 가네

새들 동상 딱지 꼭꼭 쪼아
속살 터져 파란 꽃 피었네

한 송이 꺾어 입안에 넣어 봄을 먹었네
계절의 겨울
마음의 겨울
슬그머니 돌아서네

따스한 햇볕 한 줌 들이켜
내 몸에 꽃망울 터지네

봄비 1

빗방울은
차창에 앉기 시작하더니
너도 나도 모여 길이 없어
포개어 앉아 견디지 못하고
미끄럼을 타기 시작하여

지도를 그리며
옆으로 밑으로 길을 만들어
빗방울은 제 모습을 지우고
쉬지 않고 길을 가네

마침내 길이 생겨서
길 따라가다가 우뚝 멈춰 섰다
커다란 나무가 길을 막아서
구겨진 낙엽 봉투에
파란 새싹을 봉하여 건네주었다

땅 위와 땅 밑에 편지가 배달되고
만삭된 연두색 봉투가
활엽수 가지에 앉아
몸 풀 날을 기다리네

낙서와 동행

하늘은 파란 외투를 걸쳐서
저수지도 푸르렀다
물 위에서 장난하는 오리들
내 안에 언어들과 헤엄친다

휴짓조각이나 노트 위
펜에 깔려 나오는 언어들
가방 속에서 숨을 죽이고
날개가 돋치길 원한다

책상 옆에 꾸벅꾸벅 졸고 있는 놈
컴퓨터 속에 사는 놈
어떤 놈들은 머리가 없다
팔다리가 없다 절규하네

수술해 달라고 소맷자락
붙들고 늘어지면
수술 후에 치유되는 놈도 있지만
치유가 안 되는 놈은 무덤을 판다

더러는 수술이 잘되어서
맵시 있는 시가 되기도 하지

그들은 내가 살아가는 의미다

봄의 눈동자

발가벗은 나무 혹한을 견디며
몸속에 인큐베이터를 안고
낙엽은 뿌리 밑에서 군불을 지펴
아기가 자랐다

아기의 눈동자
나뭇가지에 창을 열고
초롱초롱 세상을 읽는다

먼 산꼭대기에는
아직도 하얀 겨울 담요 두르고
계곡물은 봄을 앞세워
파란 물감 실어 나른다

담 밑에 햇살이
와글와글 나들이 나와서
땅 밑에 침묵 깨어
두런두런 소리가 들린다

불치의 병을 앓는 이의 창에
봄의 눈동자 반짝인다

빗방울 메시지

발자국을 그리며
빗님이 다가와 팔짱을 끼라네
슬그머니 손을 잡는 우산과
손 흔들며 반갑게 맞이하는
밤이 새도록 뜬 눈으로
동네를 지키는 가로등과

우산을 치켜들고
동구 밖 저수지를 한 바퀴 도는 중
따라오는 벌거벗은 자작나무와

빗방울이 우산을 두드리며
악보를 그려 작곡한
빗방울 행진곡에
가벼워진 발걸음

아직 떠나지 못한 노란 단풍이
비가 오나 눈이 오나 움직여야 해
게으름 피우려던 나를 격려하네

움푹 파인 땅 고인 물에
동그란 미소 눈웃음 지우며
바라보는 당신

시애틀의 따뜻한 별

회색 커튼 뒤에 숨어서
먹물 장막 땅 위에 펼치면
허물어진 건물 추녀 밑
노숙자의 눈망울 이슬에 고요히 눕는다

키다리 전나무 꼭대기에 앉아서
가난한 이를 위해 기도하는
반짝이는 야광 묵주

바람은 달빛 현 연주하여
별들이 찬양할 때
내 가난은 하늘로 오른다

시애틀의 봄

시애틀의 봄은
눈꽃과 눈물로 만개했네
튤립 축전이 열리고
민들레도 안 질세라
활짝 웃으며 축전을 하네

잔잔한 호수에 오리 가족들
봄의 향연 오페라 열연 중이네
애기사슴 엄마 아빠 봄맞이 가고
아기곰 엄마 아빠 소풍을 가네

시애틀의 등대 같은 침엽수 가지 위에
새들이 찬양하고
묵상하던 겨울 나목에
파란 꿈이 피었네
레이니어산은 사철 눈을 이고
하늘과 천년 사랑을 하네

내 마음 길섶에 철쭉꽃 만개했네

시애틀의 삼월

공원에는
짙은 초록 붓도 없이 채색했다
뜸북뜸북 발자국을 찍으며
부리로 흙에 콕콕 시를 쓰는
한 쌍의 거위

시멘트 바닥 금 간 사이를 비집고 나온
하얀 민들레꽃
짓밟혀도 삶을 포기하지 않는다고
파란 눈동자 별처럼 반짝인다

버드나무 겨울 동안 강아지 잉태하여
털이 보송보송한 꼬리 가지에 매달려
줄타기하는 곡마단

삼월은
고난의 계절을 견디며
얼었던 강은 몸을 풀어 찬송 부르고
나무는 두꺼운 살갗 찢어 파란 등 켰다
무거운 빗장 채웠던 땅
문을 열어 애벌레 부화하여 걸어 나온다
바람에 업혀 다가오는 부활의 찬양!
한 소녀가 포도주로 손을 씻는다.

예배드리는 봄비

그는 이른 봄 목련나무에 입 맞추어
목련꽃 살포시 고개 들고

자작나무를 애무하더니
파란 입이 열렸네

그가 숲속을 헤매고 다닐 때
발자국 밑에서
겨울잠 자던 땅속 씨앗들
일제히 일어나
말씀 듣고 성전으로 나오네

생명의 말씀 파란 글로 쓴
경전이 완성되면
두두둑 빗방울
나뭇잎 풍금에 반주 맞추어
새들의 찬양으로
예배가 시작되네

입춘

빗속에 꽃물이 흐르고
초록 물이 흘러
비를 촉촉이 맞으며
입춘이 대문에 들어서는데
다음 날 하얀 눈을 뒤집어쓰고
들어오는 봄 향기

호숫가 버드나무 가지에
은방울 음(音)이 그려져
파란 악보가 열리면
종달새 신작 노래 부르려나

지난겨울은 유난히 추웠지
바다 건너 무선 타고 온
촛불 집회 태극기 집회
허공에 세워진 카더라 통신탑에
와글와글 매달린 애국자들
겨울바람이었나

봄비가 내리네
허공에 맴도는 가짜 통신
빗물에 씻겨 강물로 흘러가라
꽃바람 품에 안긴
무궁화 봉오리 만개하리

제비꽃 씨

뒤란 향한 문 여는 순간
꽃샘바람 뺨을 스친다
가을에 훌훌히 가족들이 떠나
나무는 긴 침묵 속에 겨울을 보냈다

텅 빈 화분
새 식구를 기다리는
쓸쓸한 마음 달래는
파란 엽서 한 장 배달 왔다
아, 제비꽃 소식
반가워 입을 맞춘다
은빛 햇살 화분을 애무하여
어느새 노랑 저고리 갈아입은 제비꽃
명지바람 등에 업혀
날아온 노랑나비와 혼례 한다

그녀는 늦가을에 떠나면서
자신의 살 한 점 흙 속에 감추어
봄에 환생하는 꽃의 지혜

한 페이지의 말씀을 읽는다

민들레는

누가 가꾸었을까
넓은 공원 하얀 꽃축제

누가 시켰을까
동그란 행선 만들어
생명의 말씀 전하러 간대요

민들레 씨방을 방문했다
꽃잎이 낙화한 뒤
하얀 깃털 날개 만들어
말씀 전하려 준비 중이다

명지바람 등에 업혀
가시덤불이나 돌 틈 사이
어디든지 사뿐히 앉아
삶은 소중한 것이라고
짓밟혀도 포기하지 말며
기죽지 말라고

그분의 말씀을
몸으로 실천하는 그녀

달밤

달과 함께 놀고 싶어서
대문 밖을 나갔다
그는 바쁘게 구름을 벗어나
쉬어가라 해도 손사래를 치며
숲속을 지나 시간 속을 묵묵히 가고
찬바람 뺨을 스치는 칠흑 같은 밤
낙루에 젖은 얼굴 별빛에 흐리다

졸지 않고 어둠을 지키는 별은
내 그림자를 퉁기며 소야곡을 연주한다

어느새 자정이 되어
방안은 투명해지고
창을 두드리는 소리
살금살금 창가로 갔다

침엽수 가지에 걸터앉아
미소 짓는 얼굴 하나
며칠 전 연기로 사라진 친구
그를 만나러 가던
내 마음 오솔길에 물이 고인다.

개구리 가족

동구 밖 언덕을 지나서
저수지에 닿으면
아담한 외딴집 같은 우물이 있네

그 안에
오손도손 정겹게 사는 개구리 가족
엄마 아빠 아가 서로 손을 잡은
일곱 마리 개구리

눈은 하늘을 향해
아침 예배드리네
살금살금 다가가도 꼼짝하지 않고
묵상 중이네

보듬고 있는 가족 위에
해님의 눈부신 옷자락 드리우고
눈송이 같은 체리꽃 우물 안에 숨었네

사랑으로 채워진 저 외딴집

빗물에 얼룩진 여로

파란 하늘이 빙판이다
코끝 손끝 시리다
입춘 우수 다 지나갔는데
동장군은 떠날 줄 모르나 보다

전 재산 등에 메고
이불을 뒤집어쓰고
번화한 거리 인도 의자에 앉은
저 무숙자!

그가 부둥켜안은 자유가
빗물에 얼룩지다.

어찌하리까
거처할 곳 없는 사람들
당신의 따뜻한 손길 잡아주시고
빛으로 짠 목도리로 감싸주세요

모성애

아침상을 준비하는 것은
엄마의 하루 시작
나뭇잎도 햇볕으로
고봉밥을 담아 아침상을 차린다

연못에 잠수하는 오리
어미가 물속에 잠수하면
새끼오리는 사방을 지켜보다가
엄마 머리가 보이면 얼른 쫓아가고
어미는 아기 입에 먹이를 넣어준다

제주도 해녀들이
물속의 보배를 캐서
자녀들 공부 시키고
생계를 이은 것과

우리 엄마
지각하지 말라고 새벽에 일어나
푸성귀 무침에 된장찌개
따뜻한 아침밥상 차려주어서
이십 리 길을 신나게 걸어 다녔다

그때부터 저축한 골절
봄과 겨울이 수십번 다녀갔어도
잔액이 바닥나지 않아서
등뼈를 수직으로 받쳐주고 있다

보속으로 받은 감사

오래전
남편이 뇌졸중으로 쓰러지고
첫 번째 분신이 먼 길을 떠났다
겨울바람이 허리를 감싸고
하느님은 나를 외면하셔서
성전을 돌아섰다

산과 들을 다니며
마음이 입고 있는 남루한 옷을
산속 깊숙한 곳에 벗어던지고
푸른 잎으로 마음 벽을 도배했으나
금방 갈색으로 시들어버리고
내 안에 흐르는 강바닥에 금이 갔다

오랫동안 경직된 다리를
채찍으로 무릎을 꿇어 고해했다
신부님께서 보속으로
감사의 옷을 입으라 하신다

햇살이 나비처럼 날아와서
뒤란 자작나무에
빛으로 짠 감사의 옷이 반짝였다.

제 3 부

노천 예배당

여름 바다

우주의 숨소리가 듣고 싶을 때
발걸음이 바다로 향하면
짭짤하고 비릿한 바다 내음이
바람에 업혀 와 젖은 이마 닦아주네

하늘에 안겨 있는 푸른 바다
흰 구름 파도 위에 춤을 추고
하얀 돛단배 평화롭게 낮잠 자는
깊고 넓은 네 마음을 닮고 싶네

파도는 쉬지 않고 고함지르며
세월의 두루마리 해변에 쏟아
모난 돌멩이 쓰다듬어
둥글게 둥글게 거듭나네

향긋한 해초 향기와
파란 물결 온몸에 스며들어
졸고 있던 세포 줄기
마디마다 꽃이 피네

열무겉절이

흙과 어울려 놀던
열무 두 단 우리 집에 팔려왔네
떠나보내기 못내 아쉬웠던 흙
뿌리와 잎 사이 숨어서 따라오고
오래전 하늘나라 여행 떠나신
숙모님 오셨네

여름 방학 때 삼촌 집 가면
고추밭 고랑 열무는 가냘프게 자라서
숙모님 요리한 겉절이와 된장찌개
아삭하고 매큼한 맛깔스런 열무 무침

삼촌은 6·25 전 빨갱이에게
쌀 한 대박 준 죄로 끌려가서
영영 돌아오지 않아서
숙모님 눈물로 자란 열무 소금에 절였네

대동아전쟁, 6·25 동란
한숨에 절여진 세월
열무 한 줄기 아작아작 씹었네
가슴 아리는 매콤한 맛.

꽃 가족

여름 동안
우리 집은 대가족이다
심성이 고운 수백 송이 꽃 가족
먹이를 주면 꼬리를 흔들며 아양을 떠는 것이
강아지뿐이 아니다

하늘에서 밥상이 내려오는 쪽으로
몸을 기울여 밥상을 받으며
매일 음료수를 주면
그윽한 미소로 마음을 어루만져 준다

아침이면 활짝 웃는 하얀 가르시아
회색빛 마음 벽에 흰 도배를 하고
빨간 제라늄은 마음의 호수에
빨간 물을 흐르게 하여
어지러운 마음 비켜서서

꽃물에 젖는 내 안의 호수에
두둥실 떠도는 꽃 가족

나무

나, 다음 세상에
나무로 태어났으면

애증(愛憎)에 물들지 않고
변하는 계절에
미색을 잃지 않는

삶을 다한 뒤에
궁전에 서기도 하고
노숙자의 쉼터가 되며
잘려 난 밑둥치는
버섯을 키우는

꽃 피고 잎 피울 때
자랑하지 않으며
눈보라, 강풍 몰아쳐도
묵묵히 제자리를 지키는
나무

나, 다음 세상에
나무, 나무로 태어났으면

나무의 말

가을 포플러 나무는
바람이 불 때마다
서로에게 작별을 고한다
가지는 낙하하는 낙엽에게
낙엽은 둥지를 떠나며
손을 흔든다

가만히 나무에 기대어 섰다
나도 나무가 되어
바람이 불 때마다 흔들린다
그의 진동이 온몸을 두드리며
잠자던 영혼이 눈을 뜬다

빗방울이 두두둑
구름의 혼이 입을 열었다

나무야 힘내!

저수지에는

동네 한 귀퉁이에
우주를 담은 거울이 있네

먼 곳만 바라보던
산이 내려와
무릎 꿇어 묵상하네

세 마리 사슴은 풀을 뜯어 먹고
흰 구름이 솜사탕 만들어
해님 입에 넣어주네
두 쌍의 오리 솜사탕 쪼아 먹으며
산벚꽃나무 거울 보며 화장하네

겨울잠에서 깨어나 노래하는 개구리
천 개의 바람 다리 건너온 바위
진흙을 뚫고 오른 연꽃 봉오리

무심히 서 있는
그녀를 포옹하는 햇살
명경지수 속 거꾸로 선
낙원이 찬송을 하네.

침묵의 칼

바다는
침묵으로 사나운 운명을 품어 준다.
불평하지 않고
침묵으로 운다.

세상에서 잃은 사랑
들판에서 잃은 사랑
그 뼈아픈 상처
몸속 깊숙이 숨겨 두었다.

참다못해 성화가 불길이 되면
시퍼런 파도 칼을 만들어
바람의 목을 친다.

철썩!
돌풍의 목을 벤다.

바다도 인내의 끝이 있어
운명의 원수를
칼로 사랑한다.
칼로 사랑한다.

풀꽃 향기

동구 밖 숲길에는
밥알 같은 하얀 풀꽃
키가 자그마하고 눈에 잘 띄이지 않는
순박하고 유순한 자태
자세히 보면 첩첩산중 소녀 같은

자기를 꺾어도 화내지 않고
그윽한 향기를 풍기며 따뜻한 눈빛으로
바라보는 편안한 친구 야생 안개꽃
초롱꽃과 함께 유리컵에 꽂았다
그는 홀로일 때 보다
어울려 사는 것에 은사를 받은

어깨와 어깨를 비비며 어울려
누구를 보필하며 자신을 스스로
낮은 곳에 두며 화합하는
평화의 향기를 산과 들에 뿌리며
소박하고 겸허한 삶을 보여주어
내 마음 깃털처럼 가벼워지다

풀잎에 매달린 바다

가녀린 풀잎에
곡예사처럼 매달린
동그란 눈동자

햇빛도 쉬어 가고
글썽글썽
슬픔도 다녀간 듯

투명한 동공에
넓은 바다가 있네

노천 예배당

지붕도 없고
기둥도 없고
주춧돌도 없는
평화가 충만한 예배당이다

침엽수 활엽수 자작나무 두 손 합장하고
물 방석 깔고 앉은 오리들과
견고히 말씀을 듣는 바위

새들은 빗소리 반주에 맞추어
청아한 목소리로 찬양한다

구름에 쓰여진 말씀이
저수지에 떨어지면
수천 개의 동그란 미소가
물 위에 반짝인다

둥글게, 동그랗게 살라 하신다
촉촉이 은혜에 젖는
아침 예배

철쭉

가지 많은 나무
바람 잘 날 없다는데
잔가지가 많은 그는
겨울에도 파란 옷을 입고
정원에 아담하게 앉았다

꽃이 필 때
꽃 하나를 지켜보면
자랑할 것이 없는데
저들끼리 화합할 줄 알아서
어버이를 보듬어 안고
화목하게 활짝 웃으면
정겹고 아름답다

강풍이 불 때도
서로 부둥켜안고 잘 견디며

욕심도 없어서 위로나 옆으로
마구 넓혀 갈 줄 모르고
따뜻한 가족애가 담긴 빨간 둥지

가르시아

가르시아는 여름 동안
내 마음 안에 무지개다리를 놓고
살금살금 아침저녁으로 다녀갔다
나도 그 다리를 건너서 그에게 가면
늘 웃으며 맞이한다
내 안에 웅크리고 있던 새
어느새 날아가 버린다
찬 바람 불어오고 햇빛 멀어져서
그는 떠날 준비를 한다
떠나기 전 고운 모습 책갈피에 끼워
한여름 추억을 곱게 말려서
봉투에 담아 그리움에게
바람에 띄운다

수채화를 그리며

검은 연기 허공에 뿜으며
흰 눈 위를 달리는 기차를 도화지에 옮기며
마음 깊숙한 곳 낡은 필름 한 장 펼쳐진다

6·25 동란 후
콩나물시루 완행열차
상이군인 아저씨 쇠고랑 손으로 껌 내밀어
거절하면 눈을 흘기며 노려본다

천안 호두과자 대전 가락국수 경산 사과
정차하는 곳마다 지방특산물 차에 오르고
'사과 사이소' 아지매들 땀 냄새 묻어나는
지방 사투리 차 안은 비좁고 따뜻하다
경부선 밤차 안은 소주잔 주거니 받거니
금순아 굳세어라
목으로 넘어간 소주 한에 엉킨 노래 되고
드렁드렁 코에서 힘겨운 삶이 고함 지르는
사람 냄새 정겨운 경부선 완행열차

얼룩덜룩 기억의 색깔을 듬뿍 칠한다

명품

상가의 진열장 모델은
하늘하늘한 매미 허물을 걸치고
동물들의 가죽도 입었다
그들은 비싼 꼬리표를 달고
손님을 기다린다
저들의 명품에는
어느 인생의 몇 달 생계비에 군림한다

거리의 식구들을
어루만지는 따스한 햇볕은
가장 낮은 곳 풀잎에도 한 줌
키다리 자작나무에도 한 줌

그는
주어도 마르지 않는
따뜻하고 환한 얼굴이다
저 두리 둥실한 명품 한 줄기
값도 없이 매일 아침 창을 두드린다.

파리에는

프랑스 파리에는
수백 년 된 건물에
사람들이 옹기종기 붙어서
피멍 든 손가락 비명이 허공에 맴돌아
거대한 건물은 노예들 땀방울로
센강의 수심을 깊게 하여
밤이면 예술 작품들 산책 나와 멱을 감는다

지하철에는
지상의 겉모습과 달리
퇴근 시간 콩나물시루가 된
칙칙한 동굴 같은 전차 속 풍경
귀갓길 승객들 표정은
빨랫줄에 널린 젖은 와이셔츠다

수수한 차림의 한 여인이 마이크를 잡고
잔잔한 물결 같은 목소리로
샹송을 부른 후 모자를 벗어
승객들에게 다가서자

하루의 피로를 잊었다고
고맙다며
노래에 취한 주머니의 동전들이
스멀스멀 모자 속으로 걸어간다.

통일의 염원

저 하늘 아래
구름이 어루만지는 산
오마니 굽은 허리
지팡이 의지하며
오르내리며 신령님께
통일 염원 빌었네

전망대에서
두 손 합장한 성모님
밤낮으로 기도하는
통일의 소망

구름은 삼팔선을
검문이 필요 없이
유유히 흘러왔다 흘러가네
내 마음 구름에 업혀
그리운 북녘땅에 다녀 왔네

나에게 시는

어느 겨울날
매화꽃 같은 눈이 분분히 날려
나목 가지에 하얀 옷을 입혔다

마음속에 스며드는 고요한 빛
눈 속에 엎드려 참회한 기도가
문학회 둘째 돌잔치에 초대받아
두레상에 어울렸다

꿈속에서나
우거진 숲속에서
약초 같은 언어를 캐러 헤매어도
바구니에 채워지지 않는
허기지고 목이 마른 시작(詩作)

도망치고 싶을 때는
옷자락을 붙들고
함께 가자 속삭이며
어깨를 내어주는 그대
세상 앞에 드러나기 주저하면서
마음 위에 맴도는 꽃구름이여

사랑은 꿀처럼

수십 마리 벌이 병 속의
노란 우물에 빠져서
윙윙 아우성이네

꽃의 분가루가
벌과 뒹굴며 사랑하네
마침내 달콤한 젖이 흘러
내 혀를 녹이고 온몸을 휘감아
모닥불 피워서

내 살갗에 문이 열려
푸른 등(燈)이 켜져서 꽃방석 펴고
꽃봉오리 부스스 눈이 뜨여
몸 안에 꿀이 흐르네

그때쯤이면
너도 다른 사람의 가슴에
꿀을 담아낼 수 있을까

제4부

새벽 종소리

가을에 떠난 낙엽 편지

가을에 편지가 왔을까
호수와 바다 우체통을 뒤졌지만
세월에 젖은 편지가 아쉽게 떠내려가네

그때 안으로 들어와
커피를 마시며
한 그루 사시나무에 갈색 편지 한 장
커피잔에 배달되었다

그가 살아온 길을 읽는다
그의 손가락에 올라가는
굵은 핏줄 사이사이 그려져 있는
엉키고 앙상한 생애가 목이 마르다

푸르렀던 봄 여름
붉게 물들었던 가을 편지
나의 그림자를 바람과 함께
새봄을 위하여
먼 겨울 길을 가고 있다

평화의 기도

저 넓은 우주의 창을
누가 저렇게 먼지 한 톨 없이
말끔히 닦았을까

파아란 창에
후 입김을 불고
검지손가락으로 소망을 쓴다

바람아!
폭풍은 데리고 오지 마라
맑고 투명한 창에 금이 갈까 두려워

천둥아!
무서운 굉음과 불칼을 휘두르지 마라
저 맑고 고요한 하늘 아래
평화를 흔들지 말아다오

가을 연서

가을엔
편지를 쓰고 싶어요
빨간 단풍잎에
에메랄드빛 하늘 잉크를
손가락에 듬뿍 찍어서
편지를 씁니다

"보고 싶다"

귀갓길을 잊으셨나요
그곳은 내비게이션이 없나요

당신이 거처하던 서재에
안경이 주인을 애타게 기다리고 있어요
그대가 심어 놓은 단풍나무 한 그루
주인을 찾아서
그 창 쪽으로 가지가 뻗어가고 있어요

당신이 오시지 않으니
나는 당신이 계신 곳으로
한 발자국 한 발자국 가고 있어요
오늘도
내일도
그곳을 향하여….

가을의 기도

가을에는
꽃잎 진 자리에
묵상하며 여물은 까만 씨처럼
나의 영혼을 성숙하게 하소서

만상이 노을빛으로 황홀하게 물든
계절의 황혼
내 인생의 황혼을 저와 같이
아름답게 하소서

깃털처럼 가벼운 몸으로
떠나야 할 때 말없이 떠나는 법을
수행하는 저 붉은 잎

훨훨 벗어버리고
저 하늘에 길을 내어서
구름과 교통하며 겨울을 맞을
과묵한 나무와 같이
스스로 침묵을 다스려
지혜의 열매 맺게 하소서

새벽기도

천길 마음속에 숨어 사는
털이 보송보송한 양 한 마리
성전에서 만나를 먹으면
꼬리가 아래로 수그러지고
세상 밖에 나오면 치켜드는 꼬리

나무가 우거진 숲속
흐르는 계곡물에
파란 하늘이 들여다본다
나뭇잎 비집고 쏟아지는 햇살에
업혀있는 무화과를 보아라

발아래 풀잎에
반짝이는 묵주 같은 구슬들
성모송 찬양한다

딸아,
새벽에 일어나서
무화과를 먹어라
메아리처럼 다가오는
당신의 음성.

새해의 기도

새해 아침 붉은 해가
삼백육십오 일을 업고
산 위에 솟아올라
모두에게 안겨주듯
그 첫날 둥근 해처럼
너와 나, 모두에게 사랑으로
이어지게 하소서

새해 아침 명경을 보며
웃는 연습 시작하고
그녀와 사랑하게 하소서

꽁꽁 언 강물 밑에 고기가 출렁이고
어둠 속에서 씨앗들 봄을 꿈꾸듯
새해에 꿈을 갖게 하소서

매일 들이쉬는 공기
값없이 얻는 것이라 잊지 말며
모습을 감추고 높고 낮음 가리지 않고
일렁이며 어루만지는 바람에 감사하며
내 마음 안에 주머니 하나 걸어 두고
감사를 채우게 하소서

새벽 종소리

여명을 두드리는 저 소리 안에는 길이 있다

단 한 길

눈썹이 하얀 사람들도 앉을 의자가 있다

기도

혀로 곱게 분장한
사랑의 꽃이 되지 말고
몸이 꽃가루로
부서지게 하소서

그대 이름 내세워
천하에 나를 뿌리지 말고
나무 밑에 흩어진
한 움큼 낙엽이 되어
뿌리로 스며드는
거름이 되게 하소서

그대 앞에 서면
나의 몸 모래알같이
작아지게 하시고
나의 영혼이 그대 연서에
목말라 울게 하소서

그대 날개 밑에
한 마리 작은 새가
되게 하소서

담쟁이

온몸으로
봄부터 가을까지
절벽을 기어오르느라
빨갛게 피멍 들었네

저것들 봐라!

야당, 여당
손에 손을 꼭 잡았네

'함께'를 외치며
지휘자도 없이
생사(生死)를 같이하며
오직 한 곳을 향하여
가파른 절벽을 올라가네

아버지의 정원

매일 아침
아버지의 정원을 간다.

깊은 숲 오솔길
초여름 보리밭과 같이
이름 모를 푸른 잎사귀들
새들은 짹짹 아침 인사를 한다.
계곡에는 맑은 물이 졸 졸

아버지의 품 안에 안기면
거위 털 이불같이
따뜻하고 행복하다.

매일 아침
아버지의 편지를 받는다.

미운 것도 고운 것도
사랑하라 하신다.

물같이 맑게
나무같이 곧게
잡초같이 강하게
살라 하신다.

어느 날 아침

하늘이 회색 코트 지퍼를 열었다
동구 밖 못에는 침몰했던 주변 집들이
물 위에 떴다

나무들은 수면이 흔들릴 때마다 춤을 추고
나들이 간 오리들은 모습을 감춘
고요하고 잔잔한 아침

새들이 푸드덕 날개를 적셨다가
하늘 계단을 올랐다 내렸다
오월을 노래한다

내 안에 화석같이 굳어가는 언어들이
지느러미를 펴고 물속으로 뛰어든다

꽁꽁 얼었던 겨울 가고
수선화 못 뚝에서 속삭이던 봄 지나고
갈대숲 파랗게 뽐내는 못 가장자리에
내 언어들은 꼬리를 흔들며 갈대숲 사이를 지나
낮달이 묵상하는 물속에서
생(生)의 조각들을 주워 올린다

살아야 할 의미의 퍼즐을 맞추어 본다

석양

무지개 피어나는 봄과
열광하는 소음들
선혈로 태우고
혼신의 땀방울로
얼룩진 여정
서산을 넘어간다

넉넉하고 질펀한
붉게 타오르는 노을처럼
아름답게 살다가

님께서 부르시면

나 환희로
손들고 나아가리라

저물 무렵 호수

일몰의 여운이
고기 비늘을 호수에 뿌려
은빛 출렁이네
호수 너머 검게 물든 산자락에
별빛 내려와 반짝이네

산허리 구비 도는 길
반딧불 고물고물
귀갓길이 바쁘네

오늘 연주는 막이 내리고
아무도 없는 관람석에
홀로인 나

잠자는 호수에
종이배 접어 삶의 무게 띄우네
저 멀리 반짝이는 별빛
졸고 있는 너를 지키네

노숙자

추운 겨울
한 노파가 오렌지색 보자기 같은 치마에
두툼한 회색 재킷을 입고
방한모를 얼굴이 보일 듯 말듯 눌러 쓰고
그녀의 전 재산인 듯 두 발 수레에
너절한 짐을 싣고
네거리 건널목을 건넌다

신호등은 파란불이 켜졌고
그녀가 옮기는 발자국은 삶의 무게에 짓눌려
건널목의 반을 지나갔을 무렵
신호등은 빨간불로 바뀌었다
많은 차량은 그가 건널 때까지
아지랑이 피어나는 침묵으로
그녀를 배웅한다

차가운 날씨에 그녀는 어디에다
무거운 짐을 내려놓을까
가을에 떠나지 못한 구겨진 낙엽
노숙자의 쉼터에 걸음을 멈춘다

겨울은 아직 먼데
긴 여행에 어깨가 일그러진 노숙자

내가 숲으로 가는 이유

거기에는
보물이 숨어있는 곳
나무들이 토해내는 산소
소금쟁이 뛰고 노는 맑은 계곡물
사슴과 다람쥐의 보금자리

올 때와 갈 때를 분별하며
임금이 없는데도
질서에 순응하는 그들

나뭇잎은
자기를 내어주려
낮은 곳으로 내려앉으며
사랑은 왜 낮은 곳에 있는지
보여 주는

사랑과 평화가 담긴
너를 바라보는 거울이 있다

내 삶의 주소

반세기 전에
점하나를 찍었다
점은 점점 커져서 섬이 되어
폭풍이 불어 파도가 섬을 뒤집기도 했다

그 안은 늘 바쁘며
즐겁기도 하고 슬프기도하고
열심히 꿈나무를 키웠다
더러는 열매가 튼실하고
또 아닌 것도 있지만
열매는 모두 육지로 나갔다

그 땅은 더 이상 비옥하지 않으며
텅 빈 섬은 반쪽이 허물어지고
시간이 흐르면서 점점 작아졌다
바다 위에 보일까 말까

하늘 사다리가 섬으로 향한다

그림자

저 사람은 누구일까
나의 일거일동 살피며
어떤 때는 숨어버리고

혼자인 줄 알았는데
양지쪽에 서면 나타나서
함께 가자, 등을 어루만지며
자신을 양지쪽에 두라 속삭인다
겉모습은 나를 닮았으나
입을 꼭 다문
읽을 수 없는 마음

나의 몸이 서릿발에 젖으면
양지쪽에 의자를
슬그머니 내어 주는 당신.

감람나무를 심는다

6월은
산과 들이 짙은 초록으로 물들고
나무뿌리는 힘차게 물을 퍼 올리며
발아래 풀잎마저
바람을 연주한다

물고기가 하늘을 치솟는
생명의 계절에
한 그루 감람나무를 심는다

야생 감람나무가 되지 않도록
힘을 합하여
하나님 말씀으로 정성껏 가꾸는
농부가 되어서
뿌리를 깊이 내려
폭풍에도 흔들리지 않는
기독문인협회가 되어서

별처럼 빛나는
성령의 열매가
우주를 가득 채우리라

제 5 부

조약돌

들풀

달밤 이슬에
촉촉이 젖으면
크리스털처럼 빛나요

비를 맞으면
통통하고 짙은 초록이 되고요

바람이 부는 날은 흔들어요
짓밟혀도 포기하지 않는

귀한 나무는 부자들이
입양해 가는데

그들 주인은 하늘에 있고
집은 가시덤불과
돌담 사이 번지도 없으나

자신을
사랑하는 법을 알고 있어요

겨울나무

파란 잎새 총총할 때는
바람이 지휘하며
새들 오케스트라 연주하고

그대 등 뒤
긴 그림자에서
젖은 마음 말렸지

찬 바람 불고 서리 내려
피붙이 떠나고
마른 가지 사이 바람 비껴가
무성연주자 되었지

맨몸 가지에 햇살 입으려고
하늘로 향하여
별들의 노래 작곡 중이다
파란 악보 파릇파릇 돋아

헐벗은 등허리 꽃으로 피우리

겨울꽃

찬바람이 새벽을 깨우며
천둥 먹구름 살포시 열고

햇빛은
붉은 속살을 드러내며
꿈을 접은 연서를
창가에 날린다.

창 밑에 졸던 꽃망울들
부푼 꿈을 속삭인다

간밤의 찬 서리에
울고 있던 그들
꿈의 연서에 입맞춤하고
봉오리가 터진다.

여린 꽃망울이
찬 서리를 삼키며
목청을 높여

내가 살아가는 의미는
꿈이라고.

숲속 양로원

잘려진 나무와 고목들이 누웠다
잎이 무성할 때는
팔랑팔랑 왁자지껄 부채질하며
이마에 땀방울 씻어주었다

늙은 전나무 당뇨병에 발이 문드러져
강풍에 쓰러지고
머리카락 엉성한 대머리 활엽수가
내어준 어깨에 비스듬히 누운 고목에
묵은 낙엽은 발을 덮어주고
이끼는 파란 스웨터 짜서 입혔다

활엽수는 오랜 세월
무거운 무게 불평 없이 버틴다

할아버지 같은 나무 옆에
별꽃들 재롱부리며
가장 낮은 곳에서 노약자를 지켜주는
사랑이 충만한 숲속 양로원

이끼의 삶

한겨울
숲속에서 베를 짜며
햇빛 없는 그늘에서
떨고 있는 나목에
파란 옷을 입힌다

몽땅 잘린
나무토막 붕대로 감고
부러진 나뭇가지에
상처를 감싸준다

그늘진 바위에는
파란 융단으로

너는 겨울을 따뜻하게
감싸주는 푸른 천사다

눈보라 시린 바람 견디며
겨우내 베를 짜는
너를 보며
고개 숙인다.

은실로 짠 그물

이른 아침 숲속에는
진드기처럼 달라붙는 거미줄이
햇빛에 반짝인다

나무와 나무 사이에
자기 몸을 풀어 은실로 밤사이
그물을 촘촘히 짜서 둥지를 만들고
벌써 아침 점심 저녁상까지
가득 차려놓고
가느다란 실 계단을 올라가
냉큼 아침밥을 먹어치우고
곡예사처럼 허공을 타고 내려와
아늑한 왕궁에 앉았다

그는
자기의 살을 쉬지 않고
녹여서 예술품을 만든다

산다는 것은 땀 냄새가
꽃향기처럼 풍기는 것이다

지팡이

호랑이 산 입구
이정표에 기대선 키다리 아저씨
누군가를 산꼭대기까지
손을 잡고 안내해주고
도움이 필요한 사람을 기다리네

삶이 버거울 때
기댈 수 있는 버팀목이 절실하지
앞을 못 보는 장님이나
거동이 불편한 노약자

그는 강풍에 잘린
나뭇가지의 분신이지만
굽은 등 일으켜 세우고
필요한 이에게 어깨를 내어주는
무뚝뚝하고 수더분한 모습이 정겹네

누구의 지팡이가 되어 주는 것
얼마나 아름다운가

조약돌

구름이 산을 삼키면
산줄기 도랑에 물이 흐르고
물이 비탈진 계곡을 범람하면
그 밑에 엎드린 돌멩이들
거센 물매 맞고 거품 토하며
아픔을 삼키고 참선하는 구도자

오랜 세월
몸과 마음 모난 구석 뭉개어
둥글게 둥글게 거듭나서
달빛 흐르네

서로 부둥켜안은 산 계곡은
지붕 없는 기도원

조약돌 한 개
눈에서 심장으로 들어와
거친 상처 치유하며
내 안에 동그란 기도원 하나 짓네

산 1

멀리서 보아도
가까이서 보아도 묵상하는 성자다
세상의 소음을 들어도 못 들은 척
침묵하는 경전의 바다

나무는 그의 제자가 되어
오고 가는 세월을 선체로
밤을 지새우며 기도하며
주인을 지킨다

당신의 품 안에 들어서면
침묵에서 흐르는 향기에
마음속 서랍에 부정적인 언어가
무릎 꿇고 성호를 긋는다

산 2

산은 거대한 독서실이다
나무는 밤이나 낮이나 하늘과 교통하며
나뭇잎은 바람이 쓴 시를 낭송한다
노부모님에 대해 쓴 자서전 같은 고목과
어린 풀들은 파란 표지의 동화책이다

다람쥐는 새끼들을 위해 도토리 하나 물고
나뭇가지 타고 오가며
광대 짓 하는 그림책이다

산의 가슴속으로 들어가면
여러 갈래 길이 있다
수도자가 묵상하며 하늘로 가는
달과 별이 산책하는 길
영혼을 맑게 하는 물소리가 들리는 길이 있다

산의 가슴 속으로 들어가면
맑은 피가 분수처럼 솟아오른다

미역국

가스 오븐 위에 파도가 끓는다
비릿한 바다 냄새
해초가 냄비 안에서
뜨거운 사우나를 하며
땀에 흠뻑 젖었다

창호지 찢어지는 아기 울음
따뜻한 온돌방 산실에
꽃으로 피어나는 미역국
아기와 엄마 피가 되는
바다가 주는 선물

할아버지 할머니 아빠의 미소
한 사발의 미역국에
무지개 피어오르고
엄동설한 추녀 끝
고드름이 녹는다.

성녀(聖女)

무더운 여름
모리는 하루에 여섯 집을 방문하며
환자를 목욕시킨다
듬직한 체구에 달덩이 같은 환한 미소를 잃지 않고
지체 불구 장애인을 목욕시키는 일을 한다
모리가 오는 날은 마음이 놓인다
힘이 좋아서 할아버지를 휠체어에
안아서 앉히고 샤워를 시킨다
금방 기저귀를 채웠어도 배설을 할 때가 있다
남에게 험한 일을 되도록 시키지 않으려 해도
종종 용변을 기저귀에 하게 되어도
그녀는 깨끗이 씻어 로션을 온몸에 바르고
시트도 갈고 정갈하게 마무리 지운다

바쁘게 살면서 그녀는 넓은 야드에
딸기와 야채를 농사지어
딸기를 바구니에 담아 와서
나누어 주어 한입 베어 물었다
달콤한 붉은 피가 몸 안에 스며들다

25년 동안 가시밭길에 꽃을 뿌리며 걸어온
그녀의 땀방울은 눈부신 성화(聖花)로 피어나다

자개 화병

태평양을 건너와서
우리 식구와 동고동락한 그녀

짭짤한 갯내음과
해변에 부서지는 파도 소리
갯마을 아낙들의 거친 손마디
왁자지껄 해물 시장의
삶의 소리가 귓전을 스친다

버려진 조개껍데기
어느 공예사에 입양되어 귀족이 되어서
파르스름하고 불그레한 빛을 발하며
삶의 곡예를 찬미하는 우아한 모습

화장대 위에 아이들의 결혼사진과
나의 결혼사진을 마주 보며
묵묵히 제자리를 지키는
단아한 모습이 정겹다.

노트르담 성당에서

하루에도
수많은 지구촌
사람들의 발자국이
바람같이 스쳐 가는 노트르담성당
역사의 무게만큼 과묵한 성전에
방문객들은 촛불에게 기도를 부탁하여
수백 개의 촛불이 눈물로 기도하네

저마다 색이 다른 기도 제목은
빨 주 노 초 파 남 보
그중 제일 무거운 검정색
고통과 좌절 슬픔 그 무거운 기도가
그분에게 상달(上達) 되었으면

나는 무릎을 꿇고
침대에 누운 남편을 위해서
화장실 출입 스스로 할 수 있게
잃어버린 반쪽 찾아달라고

그의 내장에서 토하는 탄성이
고약한 냄새를 풍겨도
감사로 채워 주소서

라벤더

라벤더는 여름 동안
샤넬 향수보다
아름다운 향기를 풍겨서
벌 나비 몰려와 애무하여
사랑에 빠졌네

어느새
그들의 발자국 소리 사라지고

그녀는 입덧하느라
눈썹이 희미해지고
윤기를 잃은 피부와
입술은 하얗게 말라
고운 모습 사라졌네

하늬바람 불어오고
따뜻한 햇볕 그녀를 포옹하여
몸속에 아기 머리
까맣게 영걸 때

그녀는 꽃구름 타고
꿈나라로 떠났네

탁상시계

안방 책장 위에
묵묵히 앉아서 나와 함께
낮과 밤을 먹으며
아침에 눈을 뜨면
하루분의 시간을 검은 쟁반에
빨갛게 담긴 금싸라기
먹지 않으려고 들숨 날숨
코로 들어와서 입으로 나간다

쉬지 않고 지우고 다시 쓰고
잠도 자지 않고 공휴일도 휴가도 없이
일만 하는 녀석

멈추지 않는 저 일꾼은 나이테를 내 몸에 칭칭 감아서
거꾸로 뒹굴어도 한번 감은 탯줄은
풀 수 없는 편도로 가는 여행이야
오늘 주어진 초침 분침 모두 보석이 아닌가!

담배꽁초

당신의 슬픔을 태웠죠
당신의 분노를 태웠죠
그대 안에 뭉쳐 있던 한숨 덩어리
연기로 사라지지 않았나요
내 몸을 다 태우고도

나를
길바닥에
재떨이에
쓰레기통에
팽개쳤죠

내 몸을 화장할 때
당신의 몸이 멍든다는 것을

영혼을 울리는 서정시의 금자탑

김 전(시인, 문학평론가)

Ⅰ. 프롤로그–들어가기

좋은 시가 되기 위해서는 독자와의 소통이 되는 시이어야 한다. 오늘날 시인과 독자 사이를 저해하는 요인으로 미래파를 들고 있다. 미래파 시인들은 도대체 무슨 소리를 하는지도 모르는 난해한 시를 발표함으로써 독자들을 어리둥절하게 만든다. 여기에 대립하는 극서정시는 쉽고 짧은 시로 독자들에게 가깝게 나아가고자 한다.

시대 환경에 따라 〈미래파〉와 〈극서정시〉 논쟁은 나름대로 의미를 갖고 있다. 문학사 측면에서 평가는 후일 어떻게 평가될지 모를 일이다.

디지털 시대에 쉽게 이해되고 감동을 주는 서정시는 독자들에게 사랑을 받을 수밖에 없다. 오늘날 무수히 쏟아져 나오는 시집들 중에는 독자들에게 외면 받고 있는 시집들이 많다. 그 이유로는 독자들에게 공감을 이루지 못한 데 있다고 본다. 최소한의 은유, 최소한의 상징, 최소한의 묘사, 최소한의 울림과 떨림이 있어야 한다.

이런 점에서 이경자 시인의 서정시집은 독자들에게 다가갈 수 있는 요건을 모두 갖추고 있다.

제1부 별의 무덤, 제2부 봄의 눈동자, 제3부 노천 예배당, 제4부 새벽 종소리, 제5부 조약돌로 되어 있다.

작품 전반에서 생동감이 넘치고 있다. 이는 체험을 소재로 했기 때문이 아닌가 한다. 또 시적 미감을 살리고 있어 감동적이다.

1. 추억의 언저리에서

늙으면 추억을 먹고 산다는 말이 있다. 과거를 돌아보고 생각하는 것은 아름다운 일이다. 어려웠던 시절도 지나고 나면 추억이 된다. 추억을 생동감 있게 그려낸 작품들을 살펴보자.

> 태평양을 건너온/ 어머니가 쓰시던 벼루/ 책상 서랍 속에서 깊은 잠을 잤다/ 동양화 습작하려고 꺼내니/ 그 안에서/ 오래 묵은 편지들이 걸어 나온다// 동네 처녀들이/ 시집가며 가마 안에서/ 울며 함께 떠난 사돈지(査頓紙)/ 세 딸을 시집보낼 때/ 바다 건너 멀리 있는/ 남편과 아들에게// 그 편지들은/ 낙루로 그려진 문신 속에/ 한숨이 새어 나온다// 어머니의 주름진 손자국이/ 벼루에 더덕더덕 앉아서/ 나를 바라보며// 얘야, 먹 갈아라
>
> ―「벼루 속의 사모곡」 전문

'시는 이미지다.' 란 말이 있다. 벼루를 통하여 어머니의 사랑을 그린 그림이다. 생동감 있게 느껴진다. 선명한 영상으로 다가온다. 군더더기 없는 깔끔한 작품이다. 낯설기 기법으로 나타낸 부분은 가작(佳作)이다. '오래 묵은 편지들이 걸어 나온다.' '낙루로 그려진 문신 속에/ 한숨이 새어 나온다.' '주름진 손자국이. 벼루에 더덕더덕 앉아서' 등은 의인법으로 나타내어 시의 활력소가 되고 있다. 마지막 행 '애야, 먹 갈아라.' 현재법으로 나타내어 여운을 주고 있다. 가슴에 짠한 감동이 물결처럼 일어난다.

> 성냥이 귀한 시절 부싯돌로 불을 켤 때/ 부엌 아궁이와 화로에는 무덤이 있었다/ 무덤 속에는 조각난 별이 잠자고/ 어머니는 그 작은 조각을 소중히 간직했다/ 마른 솔잎에 별이 불꽃을 일으키면/ 온 집안은 태양이 떠오른다// 이젠 아궁이도 화로도 사라졌으나/ 내 마음에 꺼지지 않는 무덤/ 그 속에는 군밤이 익고 감자가 익는다// 따뜻한 온돌방 선반에/ 주룽주룽 매달린 메주가 익는다/ 엄마의 고전이 화로에서 탄다/ 호롱불 연기에 콧구멍이 까매진 아침/ 아궁이에 별이 탈 때/ 가마솥 옆에 밥그릇이 줄을 선다.
>
> —「별의 무덤」 전문

3연으로 된 작품이다. 1연에서 (과거회상) 화로와 아궁이, 2연 (현재 내 마음속의 생각) 3연 과거회상 (메주, 밥그릇) 으로 구조화 되어 있다.

아궁이와 화로를 떠올리면서 별의 무덤으로 환치시킨

점은 시의 경륜을 짐작하게 한다. 이 작품을 읽으면 동시대를 살아온 사람들에게는 가슴에 와 닿는 추억이다. 당시에는 살기가 어려웠지만 그래도 낭만과 사랑이 있었다. 시골의 향기가 물씬 풍기는 작품으로 공감각적 이미지로 시적 성공을 거두고 있다.

'엄마의 고전이 화로에서 탄다.' '가마솥 옆에 밥그릇이 줄을 선다.'는 시적 미감을 극대화 시켜주고 있다.

이경자 시인은 시어를 자유자재로 부릴 수 있는 연금술사로 보인다.

> 배추 한 포기/ 네 등분 해서 소금에 절여/ 물을 붓고 며칠간 숙성시켰다/ 고개 숙일 줄 모르던 그녀/ 다소곳하고 상냥해졌다/ 밑 화장도 겉 화장도 않은 배추/ 목욕탕에서 금방 나온/ 여인의 모습인 듯// 담백하고 깨끗한 그 맛/ 투명한 유리그릇에 담아/ 단아하게 상위에 올려진 그릇에/ 생배추 같은 내 고집이 어른거린다// 나의 몸을 소금물에 절이고/ 마음속에 믿음 소망 사랑의 양념을 듬뿍 넣으니/ 순백한 영혼의 백김치가 되었네.
>
> —「백김치, 내 영혼의 거울」 전문

백김치를 보고 쓴 작품이다. 1연과 2연은 묘사에 해당되고, 3연은 자신의 생각과 느낌으로 시를 구성하였다. 생활 속에서 소재를 찾는 능력이 탁월하다. 배추를 의인화 시킨 점도 돋보인다.

누구에게나 공감이 가는 글이다. 여기에서도 비유적 이미지가 잘 묘사되었다. 배추를 보고 '목욕탕에서 금방 나온/ 여인의 모습' 마지막 연에서 배추를 자신과 동일

시하여 자신을 반추하고 있다. 자신도 소금물에 절이고 믿음 소망 사랑을 넣어서 순백의 영혼으로 승화시킨 점으로 볼 때 시적능력이 예사롭지 않다.

배추를 통하여 백김치가 태어나듯, 자신도 백김치처럼 새로운 영혼의 김치로 태어난다.는 부분에서 깨달음을 주는 시라고 말할 수 있다.

2. 적멸의 강을 건너서

자연은 윤회를 한다. 죽어야 새로 태어나는 자연의 이치, 어쩌면 무상하다. 허무의 연속이다. 그러나 어떻게 사느냐가 중요하다. 모든 것은 마음먹기에 달려 있다. 불교에서도 일체유심조라고 하지 않았던가? 언제나 감사하는 마음으로 살아가는 사람은 행복하다.

천주교에 귀의하여 감사와 찬송으로 살아가는 작가의 모습이 선하게 나타난다.

여러 작품에서 새로운 의미를 만들어내는 시인의 능력도 엿볼 수 있다.

공원에는/ 짙은 초록 붓도 없이 채색했다/ 뜸북뜸북 발자국을 찍으며/ 부리로 흙에 콕콕 시를 쓰는/ 한 쌍의 거위// 시멘트 바닥 금 간 사이를 비집고 나온/ 하얀 민들레꽃/ 짓밟혀도 삶을 포기하지 않는다고/ 파란 눈동자 별처럼 반짝인다// 버드나무 겨울 동안 강아지 잉태하여/ 털이 보송보송한 꼬리 가지에 매달려/ 줄타기하는 곡마단// 삼월은/ 고난의 계절을 견디며/ 얼었던 강은 몸을 풀어 찬송 부르고/ 나무는 두꺼운 살갗 찢어 파란 등 켰다/ 무거운 빗장 채웠던 땅/ 문을 열어 애벌레 부화하여 걸어

나온다/ 바람에 업혀 다가오는 부활의 찬양!/ 한 소녀가 포도주로 손을 씻는다.

—「시애틀의 삼월」 전문

작가는 미국 시애틀에서 살고 있다. 그래서 조국을 그리워하며 향수에 젖는 것은 당연한 이치리라.

작품 곳곳에 작가의 긍정적인 삶의 모습이 잘 드러나 있다. 이 작품은 4연으로 이루어져 있다. 1연 2연 3연은 자연의 모습을 제시하였고, 4연에서는 작가의 생각과 느낌을 표출하였다. 선경후정(先景後精)의 구조이다.

3월은 생명을 잉태하는 시기이다. 그래서 삼라만상이 고개를 내미는 시기이기도 하다. 자연이 부활하는 계절이 바로 이때이다. 삶의 모습을 생동감 있게 묘사한 구절은 독특하다. 새로운 의미로 전환시킨 점이 돋보인다.

1연에서 '부리로 흙에 콕콕 시를 쓰는/ 한 쌍의 거위' 2연에서 민들레꽃이 '파란 눈동자 별처럼 반짝인다' 3연에서 '줄타기하는 곡마단' 새싹이 돋는 모습을 '바람에 업혀 다가오는 부활의 찬양!' 이라고 재미있게 표현했다. 이 작품 속에는 종교적 사유가 다분히 녹아 있다. 자연을 종교와 비유하여 나타낸 점도 독특하다

발자국을 그리며/ 빗님이 다가와 팔짱을 끼라네/ 슬그머니 손을 잡는 우산과/ 손 흔들며 반갑게 맞이하는/ 밤이 새도록 뜬 눈으로/ 동네를 지키는 가로등과// 우산을 치켜들고/ 동구 밖 저수지를 한 바퀴 도는 중/ 따라오는 벌거벗은 자작나무와// 빗방울이 우산을 두드리며/ 악보

를 그려 작곡한/ 빗방울 행진곡에/ 가벼워진 발걸음// 아직 떠나지 못한 노란 단풍이/ 비가 오나 눈이 오나 움직여야 해/ 게으름 피우려던 나를 격려하네// 움푹 파인 땅 고인 물에/ 동그란 미소 눈웃음 지우며/ 바라보는 당신

—「빗방울 메시지」 전문

빗방울 메시지도 동적이다. 비가 오는 모습을 디테일하게 묘사하고 있다. 의인법으로 나타내어 사물과 화자와의 거리를 좁히고 있다. 우산을 쓰고 비 오는 거리를 한 바퀴 돌면서 자신에게 격려하는 자연의 모습을 묘사하고 있다.

낯설기 기법으로 시의 멋을 더해 주고 있을 뿐 아니라 감각적 이미지를 통하여 우리들에게 메시지를 던지고 있다. 빗님이 팔짱을 끼라든지, 빗방울 행진곡, 눈웃음 지우며 바라보는 당신 등은 상상력과 함께 산뜻한 이미지를 제공하고 있다. 한마디로 깔끔한 작품이다. 누구나 겪는 비 오는 모습을 자신을 반추하는 작품이다. 정감이 넘치는 작품이다.

오래전/ 남편이 뇌졸중으로 쓰러지고/ 첫 번째 분신이 먼 길을 떠났다/ 겨울바람이 허리를 감싸고/ 하느님은 나를 외면하셔서/ 성전을 돌아섰다// 산과 들을 다니며/ 마음이 입고 있는 남루한 옷을/ 산속 깊숙한 곳에 벗어던지고/ 푸른 잎으로 마음 벽을 도배했으나/ 금방 갈색으로 시들어버리고/ 내 안에 흐르는 강바닥에 금이 갔다// 오랫동안 경직된 다리를/ 채찍으로 무릎을 꿇어 고해했다/ 신부님께서 보속으로/ 감사의 옷을 입으라 하신다// 햇살

이 나비처럼 날아와서/ 뒤란 자작나무에/ 빛으로 짠 감사의 옷이 반짝였다.

—「보속으로 받은 감사」 전문

슬픔을 감사로 승화시켜 놓은 작품이다. 이경자 시인은 마지막 연에서 시의 매듭을 잘 짓는 시인이다. 시의 중심은 마지막 연이다. 작가의 생각이나 느낌을 한 덩어리로 묶어내야 한다.

보속의 뜻은 천주교에서 지은 죄를 적절한 방법으로 보상하거나 대가를 치르는 것을 말한다. 남편을 사별하였는데 종교적 힘으로 승화시켰다.

'내 안에 흐르는 강바닥에 금이 갔다.' 이런 표현은 아무나 할 수 없는 구절이다. 화자의 성숙한 삶의 모습이 잘 나타나 있다. 우리는 살아가면서 감사할 줄 모르고 산다. 이 작품은 작가의 성정을 잘 나타낸 작품으로 독자들에게 잔잔한 울림을 주고 있다.

3. 회상의 거울 앞에서

지나가버린 과거는 아름답다. 누구나 가슴 속에 꼬깃꼬깃 간직한 비밀 하나쯤은 남겨두었을 것이다. 아무도 모르는 비밀을 꺼내 보면서 지난날을 생각해 보는 것도 의미 있는 일이다.

체험과 상상이 버무려져 아름다운 작품이 탄생한다. 이런 작품이야말로 독자에게 떨림을 주고 잔잔한 감동을 줄 수 있다. 독창적인 묘사로 형상화 시켜 놓은 작품들을 살펴보자.

흙과 어울려 놀던/ 열무 두 단 우리 집에 팔려왔네/ 떠나 보내기 못내 아쉬웠던 흙/ 뿌리와 잎 사이 숨어서 따라오고/ 오래전 하늘나라 여행 떠나신/ 숙모님 오셨네/ 여름 방학 때 삼촌 집 가면/ 고추밭 고랑 열무는 가냘프게 자라서/ 숙모님 요리한 겉절이와 된장찌개/ 아삭하고 매큼한 맛깔스런 열무 무침// 삼촌은 6·25 전 빨갱이에게/ 쌀 한 대박 준 죄로 끌려가서/ 영영 돌아오지 않아서/ 숙모님 눈물로 자란 열무 소금에 절였네// 대동아전쟁, 6·25 동란/ 한숨에 절여진 세월/ 열무 한 줄기 아작아작 씹었네/ 가슴 아리는 매콤한 맛.

—「열무겉절이」 전문

1연에서 열무를 통한 숙모의 생각, 2연에서 숙모님의 열무무침, 3연에서 삼촌의 죽음과 숙모님의 눈물, 4연에서 시련 속에 견뎌낸 열무겉절이 맛으로 연결되었다. 회상의 나래를 펴가면서 지난날 아린 세월을 열무로 환치 시켜놓았다. 시는 체험과 상상으로 이루어진다. 비유를 통한 시적 능력이 돋보이는 부분이다.

열무를 보고 '오래전 하늘나라 여행 떠나신/ 숙모님 오셨네.' 하는 묘사는 독특한 발상이다.

마지막 연에서도 여러 가지 사건을 열무 맛으로 나타낸 공감각은 시적묘미를 보여주고 있다.

감각적 이미지를 통하여 성공을 이룬 작품이다.

바다는/ 침묵으로 사나운 운명을 품어 준다./ 불평하지 않고/ 침묵으로 운다.// 세상에서 잃은 사랑/ 들판에서 잃은 사랑/ 그 뼈아픈 상처/ 몸속 깊숙이 숨겨 두었다.// 참다못해 성화가 불길이 되면/ 시퍼런 파도 칼을 만들어/ 바람의 목을 친다.// 철썩!/ 돌풍의 목을 벤다.// 바다도 인내의 끝이 있어/ 운명의 원수를/ 칼로 사랑한다./ 칼로 사랑한다.

—「침묵의 칼」 전문

이 작품을 읽으면 질풍노도(疾風怒濤)같은 감정이 감동으로 달려 왔다가 잔잔한 파도로 가라앉는다. 감동과 공감을 주는 작품이야말로 훌륭한 작품이다. 자신의 삶을 바다에 비유하여 표출한 글이다. 바다는 모든 것을 받아준다고 바다라고 한다. 사랑도 상처도 불평도 받아주는 곳이 바다다.

이 작품에서는 역설법을 통하여 강조하고 있다. '침묵으로 운다.' '칼로 사랑한다.' 로 나타내어 시적 미감을 더해주고 있다. '바람의 목을 친다' '돌풍의 목을 벤다' 에서 감각적 이미지를 통하여 시의 효능을 높이고 있다. 원수를 사랑하라는 성서의 말씀이 떠오르게 하는 작품이다. 화자의 끝없는 사랑을 느끼게 하는 작품이다.

가녀린 풀잎에/ 곡예사처럼 매달린/ 동그란 눈동자// 햇빛도 쉬어 가고/ 글썽글썽/ 슬픔도 다녀간 듯// 투명한 동공에/ 넓은 바다가 있네

—「풀잎에 매달린 바다」 전문

시에서 제목은 중요하다. '풀잎에 매달린 바다' 는 시의 표제이다. 제목이 참신하고 시적인 표현이 매력적이

다. 개성적인 발상이다. 시는 새로운 이름 짓기라는 말이 실감 난다.

풀잎의 이슬을 보고 바다까지 상상해내는 상상력은 대단하다. 짧지만 많은 것을 생각하게 하는 작품이다. 시는 독자들에게 생각할 수 있는 여백을 주는 작품이 좋은 작품이다.

이슬을 눈동자로 나타내어 생동감을 부여하였고, 모두가 다녀간 우주의 한 공간으로 생각한 점은 누구나 나타낼 수 없는 표현이다.

> 검은 연기 허공에 뿜으며/ 흰 눈 위를 달리는 기차를 도화지에 옮기며/ 마음 깊숙한 곳 낡은 필름 한 장 펼쳐진다// 6·25 동란 후/ 콩나물시루 완행열차 삼등실/ 상이군인 아저씨 쇠고랑 손으로 껌 내밀어/ 거절하면 눈을 흘기며 노려본다// 천안 호두과자 대전 가락국수 경산 사과/ 정차하는 곳마다 지방특산물 차에 오르고/ '사과 사이소' 아지매들 땀 냄새 묻어나는/ 지방 사투리 차 안은 비좁고 따뜻하다/ 경부선 밤차 안은 소주잔 주거니 받거니/ 금순아 굳세어라/ 목으로 넘어간 소주 한에 엉킨 노래 되고/ 드렁드렁 코에서 힘겨운 삶이 고함지르는/ 사람 냄새 정겨운 경부선 완행열차// 얼룩덜룩 기억의 색깔을 듬뿍 칠한다
>
> —「수채화를 그리며」 전문

동족상잔의 6·25를 겪은 후 당시의 환경을 묘사한 작품이다. 역사적 아픔 속에서 우리 민족은 한강의 기적을 이루어냈다. 이제는 경제대국이 되었고, 세계가 부러워하는 나라로 발전하였다. 피폐한 당시의 모습을 디테일

하게 그려놓았다. 3등 열차는 서민들이 이용하는 열차이다. 그 속에서 일어나는 일들을 수채화를 그리듯 그려놓았다. 동시대의 사람들은 경험했기 때문에 공감할 수 있다. 어려웠던 지난날도 아름다운 추억으로 남을 수 있다. 회상의 나래를 펴보는 것도 또한 의미 있는 일이라고 본다. 경험에서 우러나온 이런 작품이 우리들에게 교훈이 된다.

4. 황혼의 건널목에서

숨 가쁘게 달려왔던 길을 되돌아보고 자신을 반추하는 것은 깨달음의 시가 된다. 영혼의 숨결 소리를 들으며 마지막 남은 노을이 빛을 발하듯이 활활 불타오르는 내면의 세계를 훑어내어 아름다운 한 줄의 시가 되었다. 영롱한 시를 읽는 것은 행복한 일이다. 수묵화 같은 작품들을 음미해 보자.

> 가을에는/ 꽃잎 진 자리에/ 묵상하며 여물은 까만 씨처럼/ 나의 영혼을 성숙하게 하소서// 만상이 노을빛으로 황홀하게 물든/ 계절의 황혼/ 내 인생의 황혼을 저와 같이/ 아름답게 하소서// 깃털처럼 가벼운 몸으로/ 떠나야 할 때 말없이 떠나는 법을/ 수행하는 저 붉은 잎// 훨훨 벗어버리고/ 저 하늘에 길을 내어서/ 구름과 교통하며 겨울을 맞을/ 과묵한 나무와 같이/ 스스로 침묵을 다스려/ 지혜의 열매 맺게 하소서
>
> —「가을의 기도」 전문

죽고 사는 것은 자연의 이치이며 섭리다. 1연에서 까

만 씨앗 같은 영혼의 성숙, 2연은 노을빛 같은 황혼의 아름다움, 3연은 가볍게 떠나게 하소서 4연은 겨울의 나무처럼 지혜를 구함이다.

이 작품에는 삶의 철학이 들어 있다. 세상에 와서 아름답게 살다가 가볍게 가는 것은 누구나 원하는 것이다. 모든 욕망을 털어내고 겨울나무처럼 침묵으로 살아가고 싶다는 시적 화자의 간절한 소망이 보이며 '하소서' 의 반복으로 율격이 또한 살아나고 있다. 기도의 울림이 크다.

> 매일 아침/ 아버지의 정원을 간다.// 깊은 숲 오솔길/ 초여름 보리밭과 같이/ 이름 모를 푸른 잎사귀들/ 새들은 짹짹 아침 인사를 한다./ 계곡에는 맑은 물이 졸 졸// 아버지의 품 안에 안기면/ 거위 털 이불같이/ 따뜻하고 행복하다.// 매일 아침/ 아버지의 편지를 받는다.// 미운 것도 고운 것도/ 사랑하라 하신다.// 물같이 맑게/ 나무같이 곧게/ 잡초같이 강하게/ 살라 하신다.
>
> —「아버지의 정원」전문

아버지의 정원은 우리가 살아가는 공간이다. 하느님이 만들어 놓은 터전이다. 긍정적인 눈으로 세상을 아름답게 보고 있다는 것을 알 수 있으며 한편의 영상을 보는 것 같다. 자연의 아름다움을 감각적 이미지화 하였다

자연의 아름다운 동산 속에서 마음도 아름답게 가꾸라는 조물주의 음성을 듣는다. 이 작품은 깨달음을 주는 작품이다. 다분히 교훈적이다. 작품은 작가의 아름다운 심성에서 나온다. 여기에서 작가의 아름다운 성품을 엿볼 수 있다.

무지개 피어나는 봄과/ 열광하는 소음들/ 선혈로 태우고/ 혼신의 땀방울로/ 얼룩진 여정/ 서산을 넘어간다// 넉넉하고 질펀한/ 붉게 타오르는 노을처럼/ 아름답게 살다가// 님께서 부르시면// 나 환희로/ 손들고 나아가리라

—「석양」 전문

아름다운 작품이다. 지난날 열정적인 삶들도 세월이 가면 노을처럼 사라진다. 이 세상에서 큰 족적을 남겼지만 누구나 가야 한다. 마지막으로 자신의 몸을 불사르면서 아름답게 사라지는 노을이 되고 싶다고 하였다. 노을은 아름답다. 마지막까지 불태우는 정열적인 모습 때문이다

하느님이 부르시면 즐거움으로 손들고 나아가겠다고 하였다. 아름다운 이별이리라. 하느님이 부르면 당당히 나아가겠다는 시적 화자의 당당한 모습과 아름다운 마음이 잘 나타나 있다.

5. 사랑의 길목에서

헌신과 봉사는 사람을 아름답게 만든다. 세상의 빛이다. 아직도 세상에는 천사같이 아름다운 사람이 많기 때문에 살만하다.

작품은 작가의 가슴 속에 들어있는 체험과 상상력에서 나온다. 작가의 아름다움이 작품으로 표출되기 때문에 작품을 보면 작가의 성품을 알 수 있다.

여기에 사물을 통하여 사랑을 심어 아름답게 꽃이 피는 작품을 볼 수 있다. 이슬보다 더 영롱한 아름다운 작품들이 잔잔한 감동을 자아내고 있다.

잘려진 나무와 고목들이 누웠다/ 잎이 무성할 때는/ 팔랑팔랑 왁자지껄 부채질하며/ 이마에 땀방울 씻어주었다// 늙은 전나무 당뇨병에 발이 문드러져/ 강풍에 쓰러지고/ 머리카락 엉성한 대머리 활엽수가/ 내어준 어깨에 비스듬히 누운 고목에/ 묵은 낙엽은 발을 덮어주고/ 이끼는 파란 스웨터 짜서 입혔다// 활엽수는 오랜 세월/ 무거운 무게 불평 없이 버틴다// 할아버지 같은 나무 옆에/ 별꽃들 재롱부리며/ 가장 낮은 곳에서 노약자를 지켜주는/ 사랑이 충만한 숲속 양로원

—「숲속 양로원」 전문

숲속을 보고 양로원을 묘사하고 있다. 자연도 사랑을 하면서 살아가고 있다. 나무들을 의인화시켜 생동감을 부여하였고, 감각적 묘사를 통하여 구체성을 확보하고 있다. 이 작품을 읽어 보면 사랑이 넘치는 양로원이 눈에 선하게 나타난다. 이미지를 형상화하는 데 성공한 작품이다.

인간도 숲속 식물처럼 불평하지 않고 자연에 순응하며 서로 도와 가면서 살아간다면 행복한 세상이 되지 않을까?

말썽 많은 한국의 요양원과 겹쳐져서 떠오르고 있다. 사랑이 넘치는 요양원이 되었으면 하는 마음 간절하다.

무더운 여름/ 모리는 하루에 여섯 집을 방문하며/ 환자를 목욕시킨다/ 듬직한 체구에 달덩이 같은 환한 미소를 잃지 않고/ 지체 불구 장애인을 목욕시키는 일을 한다/ 모리가 오는 날은 마음이 놓인다/ 힘이 좋아서 할아버지

를 휠체어에/ 안아서 앉히고 샤워를 시킨다/ 금방 기저귀를 채웠어도 배설을 할 때가 있다/ 남에게 험한 일을 되도록 시키지 않으려 해도/ 종종 용변을 기저귀에 하게 되어도/ 그녀는 깨끗이 씻어 로션을 온몸에 바르고/ 시트도 갈고 정갈하게 마무리 지운다// 바쁘게 살면서 그녀는 넓은 야드에/ 딸기와 야채를 농사지어/ 딸기를 바구니에 담아 와서/ 나누어 주어 한입 베어 물었다/ 달콤한 붉은 피가 몸 안에 스며들다// 25년 동안 가시밭길에 꽃을 뿌리며 걸어온/ 그녀의 땀방울은 눈부신 성화(聖花)로 피어나다

—「성녀(聖女)」 전문

사실적인 작품이다. 모리의 봉사활동을 디테일하게 그리고 있다. 모리는 성녀다. 자기 부모도 모시지 않고 요양원에 보내는 현실을 생각해 본다. 노약자를 위하여 배변까지 책임지고 사랑을 나누는 모리는 천사와 다름없다. 세상은 이렇기 때문에 아름답다. 모리는 세상의 빛과 소금이다. 시적화자는 사랑을 가감 없이 잘 나타내고 있다.

호랑이 산 입구/ 이정표에 기대선 키다리 아저씨/ 누군가를 산꼭대기까지/ 손을 잡고 안내해주고/ 도움이 필요한 사람을 기다리네// 삶이 버거울 때/ 기댈 수 있는 버팀목이 절실하지/ 앞을 못 보는 장님이나/ 거동이 불편한 노약자// 그는 강풍에 잘린/ 나뭇가지의 분신이지만/ 굽은 등 일으켜 세우고/ 필요한 이에게 어깨를 내어주는/ 무뚝뚝하고 수더분한 모습이 정겹네// 누구의 지팡이가

되어 주는 것/ 얼마나 아름다운가

—「지팡이」 전문

이 작품에서도 사랑이 출출 넘친다. 강풍에 잘린 나무의 분신이지만 남을 위하여 헌신하는 지팡이는 안내자가 되고, 노약자의 버팀목이 되기도 한다. 지팡이는 사랑의 증표이다.

굽은 등 일으켜 세우고/ 필요한 이에게 어깨를 내어주는/ 무뚝뚝하고 수더분한 모습이 정겹네 이 부분에서 구체성을 나타내고 있다.

다른 사람에게 지팡이가 되어주는 사람이 많으면 사회는 맑고 밝아질 것이다. 이경자 시인의 작품은 사랑이 시의 행간마다 차곡차곡 배어 있다.

Ⅱ. 에스프리

이경자의 시집 『풀잎에 매달린 바다』에서 작품마다 맑고 밝은 영혼의 숨결 소리를 들을 수 있다.

가톨릭 신자인 작가의 시에서 사랑이 물씬 풍기는 시편들을 만날 수 있다. 독자들을 깊고 고요한 사유의 바다로 이끈다. 이는 시인의 품격이나 삶의 모습과 어우러져 큰 울림을 주기 때문이다.

시는 시인의 거울이다. 시인의 성정이 작품으로 표출되기 때문이다. 시를 만나면 시인을 보는 것과 같다.

주제 면에서 다양한 삶의 모습을 나타내고 있다. 작품마다 사랑이 넘쳐나고 있다. 삶과 작품의 일치성을 엿볼 수 있다. 그는 삶이 시이고 시가 곧 삶이다. 삶에서 상상력을 덧입혀 새로운 의미를 만들어내는 언어의 연금술사다.

자연과 조곤조곤 이야기하는 소리도 들려온다. 우리가 살아가는 온 우주가 정원이다. 무한한 상상력으로 펼쳐지는 그의 시적 경계는 끝이 없다.

시어를 자유자재로 운용할 수 있을 뿐 아니라 그가 만들어내는 작품은 한결같이 생동감이 넘쳐난다. 감각적 묘사로 사물을 구체화시키는 능력, 시의 끝부분에서 전환 시키는 능력, 사물을 이미지화시키는 능력 등이 조화롭게 이루어진 시의 교과서다.

이경자의 시집 『풀잎에 매달린 바다』는 독자들에게 사랑을 받는 시집이 될 것이라 확신한다.

이경자 시인은 사랑의 시인이다. 더욱 매진하길 바라며 제2시집도 기대해 본다.

문학세계대표작가선 867

풀잎에 매달린 바다

이경자 시집

인쇄 1판 1쇄 2018년 11월 1일
발행 1판 1쇄 2018년 11월 8일

지 은 이 : 이경자
펴 낸 이 : 김천우
펴 낸 곳 : 도서출판 천우
등 록 : 1992. 2. 15. 제1-1307호
주 소 : 서울시 성동구 무학봉28길 6 금용빌딩 2F
전 화 : 02)2298-7661
팩 스 : 02)2298-7665
http://moonhak.wla.or.kr
E-mail : chunwo@hanmail.net

ⓒ 이경자, 2018.

값 10,000원

* 도서출판 천우와 저자의 서면 동의 없는 무단 전재 및 복제를 금합니다.
* 저자와의 협의에 따라 인지는 생략합니다.

ISBN 978-89-7954-737-5

이 도서의 국립중앙도서관 출판예정도서목록(CIP)은 서지정보유통지원시스템 홈페이지(http://seoji.nl.go.kr)와 국가자료공동목록시스템(http://www.nl.go.kr/kolisnet)에서 이용하실 수 있습니다. (CIP제어번호: CIP2018034023)